AF607036
AVERSO

DE MI CORAZÓN

Iván Centenillo

Número 41 de la Colección **PERVERSA**

De mi corazón

Edición al cuidado de Averso Poesía
www.aversopoesia.com

hola@aversopoesia.com

Primera edición: noviembre de 2024
ISBN: 978-84-10027-49-7
Depósito Legal: GR 1656-2024

Impreso en España - *Printed in Spain*

El papel utilizado para la impresión de este libro está calificado como papel ecológico y procede de bosques gestionados de manera sostenible.

DE MI CORAZÓN

Iván Centenillo

PRÓLOGO

«Las penas son nuestras mejoras profesoras. Un hombre puede ver más a través de una lágrima que a través de un telescopio. El dolor debería ser el instructor de los sabios...».

LORD BYRON (1788 - 1824)

Aunque no me considero la persona más idónea para prologar un libro, la solicitud de mi querido amigo Iván es un verdadero honor. Lo que me motiva a aceptar esta tarea es el profundo cariño que le tengo. Así que haré todo lo posible por escribir estas palabras desde el fondo de mi corazón. Corazón que es el instrumento utilizado por el autor, entre el vasto universo de las palabras, donde cada verso puede ser un susurro del alma, creando esta miscelánea de poemas, pregones y canciones que nos invitan a explorar las profundidades del ser humano, las tradiciones y la musicalidad del sentir granatensis.

Conocí a Iván como cantante y en ese momento no pude apreciar la amplitud de sus otras habilidades. Al invitarme a presentar esta obra, me doy cuenta de la extraordinaria versatilidad que posee, un talento que trasciende lo habitual. Sin duda, está destinado a convertirse en uno de los grandes.

En un mundo repleto de sonidos, imágenes y emociones, este texto emerge como un refugio creativo donde los versos se entrelazan con la musicalidad de los pregones y la lírica de las canciones. Estructurado en sintonía con los latidos del corazón, Iván ha transformado sus pulsaciones en poesías, pregones y canciones, agrupados en este orden, aunque su proceso creativo haya sido tan dinámico como la vida misma. A través de estas páginas, Iván Vílchez Pérez (Iván Centenillo) nos invita a un viaje que celebra la rica diversidad de la expresión artística.

Siguiendo la inspiración del poeta, las composiciones comienzan a latir con una intensidad singular. A diferencia del conocido Iván, que irradia alegría, aquí el lector encontrará la fragilidad de los momentos efímeros y los rincones más profundos de su ser. Mediante versos, tanto libres como rimados, el poeta revela su esencia sin reservas, invitando a una profunda reflexión en cada estrofa. Un conjunto de poemas que nos guían hacia el Iván más enigmático. Su enorme popularidad, su visión optimista y su actitud comprometida nos brindan una representación parcial de este reconocido artista de Granada. Estos versos impregnados de amor, en ocasiones de amargura, dolor y melancolía, desvelan la profundidad del alma del escritor. Su soplo nos transporta a la evocación de momentos tristes que muchos de nosotros hemos experimentado en algún momento de nuestras vidas. Los sentimientos de miedo, necesidad y deseo se expresan con tal claridad que resulta fácil identificarse con cada poema.

El adiós, El lúgubre recuerdo, Olvido y otros textos de esta obra plasman situaciones vividas por esta pluma, convirtiendo cada expresión en un triunfo superado. El grado de madurez emocional de este joven acompañado por un alma antigua se revela en estrofas como: «Decidí decir adiós / cansado de saludar de frente, / hastiado de servidumbre / por un pago poco decente». A través de sus palabras, el autor se sumerge en un proceso de querer, sentir, observar y escuchar, sin dejar lugar al odio, sino abriendo paso al olvido de la indecencia, y así se retrata con una sinceridad conmovedora. A pesar de los versos que reflejan los momentos de sufrimiento y dolor, se encuentran éstos impregnados de ese amor incondicional al que todos aspiramos: «Y cuando ya no quede ni un suspiro, / ni un recuerdo, ni un pensamiento, / seré beso esperanzado / de nuestro primer encuentro».

Continuando con el hilo del artista, su corazón palpita en forma de pregones. Nacido en la calle Real de Cartuja, encarna el auténtico espíritu granadino, convirtiéndose en el alma de la feria, de la Semana Santa y de las festividades de los municipios de la provincia, además de ser un ferviente defensor de sus patronos. Como pregonero, destaca no solo por su elocuencia y la profundidad de sus textos, sino también por su capacidad para conectar con el público. Un pregonero es una voz autorizada que se erige como modelo a seguir en la sociedad, especialmente en lo que respecta a la preservación de nuestras tradiciones. Nuestro autor ha logrado convertirse en un verdadero embajador de todas ellas: sus pregones resuenan desde el Día de la Cruz hasta una caseta del ferial, mientras su mirada inquieta se detiene para proclamar todo lo que siente. Su labor no solo refleja su impronta personal, sino también su carácter y su idiosincrasia, considerándose tan granaíno como «la malafollá» o la Torre de la Vela.

A Centenillo lo conocemos como un destacado cantaor de flamenco, de copla, de saetas y otros géneros musicales. Sin embargo, en esta ocasión nos sorprende con sus propias composiciones, fruto de su sensibilidad poética. Sus letras, emotivas y profundas, promueven la cultura y tradiciones de su tierra natal. Con su talento nos obsequia fandangos, malagueñas, saetas, sevillanas y villancicos, entre otros géneros, revelando así una faceta aún más rica de su arte.

Como lectora, cada poema se ha convertido en una ventana abierta a las emociones, un eco de experiencias vividas que se entrelazan en un tapiz de imágenes y sensaciones, y me ha resultado hermoso conectar con la esperanza de transformar el dolor en una oportunidad para el crecimiento emocional. A través de su poesía invita a cada uno a mirar en ese espejo que él ofrece, encontrando en la tristeza un camino hacia la luz, simbolizado en esa maravillosa imagen del «amanecer de otoño». Esta referencia no solo evoca el cambio de estaciones, sino también el sentido de renovación y esperanza que todos anhelamos. Sin duda, su labor es un faro en tiempos inciertos, recordándonos la belleza que surge incluso en los momentos más oscuros. Su obra transita del pesar a la sanación, viajando desde la soledad y la perdición hacia el redescubrimiento a través de la escritura y el canto.

Cada pregón es un homenaje a su amor por las tradiciones, mientras que en sus canciones resalta un profundo respeto por el flamenco y por el arte en su máxima expresión.

Quisiera invitar al lector a emprender este libro como un viaje interactivo, vibrante como una primavera inesperada, la esencia misma de lo que el autor anhela transmitir. Mientras te sumerges en sus páginas, date el permiso de sentir, recordar y, en ocasiones, incluso cantar. El autor, con su talento innato para captar la esencia de la vida cotidiana, ha volcado su corazón en cada línea, desnudando sus emociones y mostrando su habilidad para transformar el sufrimiento —tanto el propio como el ajeno— en algo verdaderamente hermoso.

Deseo a mi amigo todo el éxito del mundo, que continúe entregando su corazón en cada proyecto y que se mantenga a mi lado, como lo ha hecho hasta ahora.

Únete a esta celebración de la vida, donde cada verso es un llamado a sentir, cada pregón un grito de alegría y cada canción un testimonio de nuestra existencia. Disfruta de la lectura de esta obra.

Luisa María Hornos Barranco
Granada, octubre de 2024

No hay extensión más grande que mi herida,
lloro mi desventura y sus conjuntos
y siento más tu muerte que mi vida.

Ando sobre rastrojos de difuntos,
y sin calor de nadie y sin consuelo voy
de mi corazón a mis asuntos.

MIGUEL HERNÁNDEZ
ELEGÍA

DE MI CORAZÓN
A MIS POEMAS...

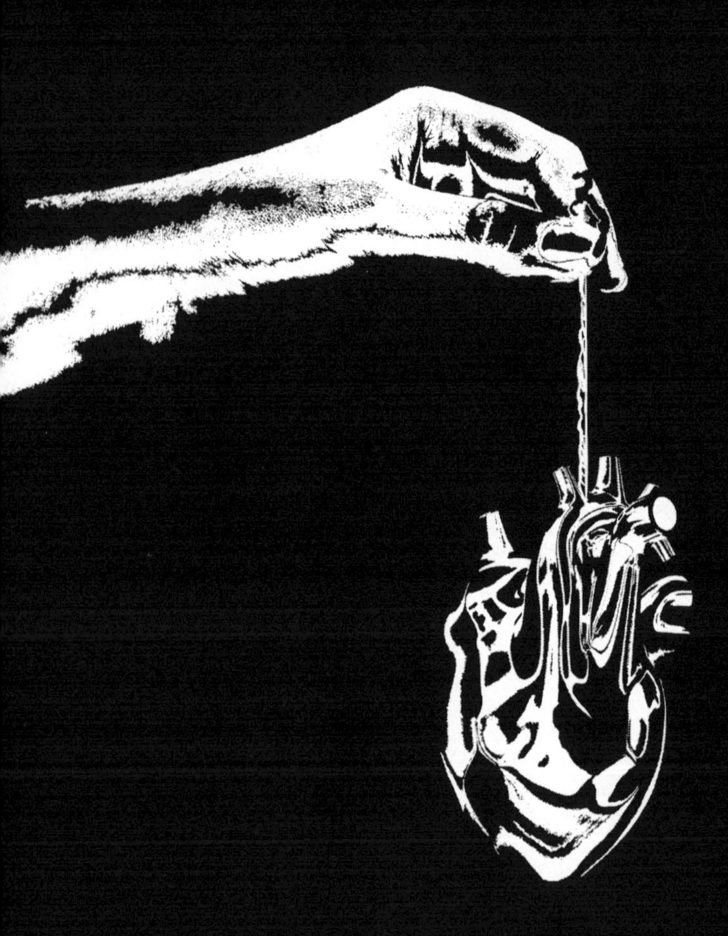

Último resquicio

Déjame dormirme
en los pliegues de tu cara,
en la profundidad de tu piel
oscura, elocuente, siempre ardida,
y sentirme que vivo eternamente
en un sueño profundo.

Déjame embriagarme por un último trago;
con el último resquicio de una copa que
esconde el sabor de tu aliento.

Déjame mirarte a los ojos
en el preámbulo de un sueño,
que anuncia luna llena
en mi corazón maltrecho.

Si he de dormir,
que sea en tus brazos.
Si he de embriagarme,
que sea en tus besos.
Si he de sentir,
que sea con el latir de tu corazón,
en un eclipse de luna nueva
sobre los párpados de tu mirada;
con el esbozo de tu cuerpo.

Canción de un minuto

Pueden ser sesenta razones
o un suspiro en el viento.
Pueden ser miles de emociones
que te hagan temblar.

Pueden ser los pasos del tiempo
llegado el momento en mi caminar,
que nos haga pensar un momento
lo que bien y mal.

Pueden ser las hojas del diario
que marca la vida.
O tal vez una triste partida
sin decir adiós.

Puede ser un abrazo inherente,
un beso latente que nunca se dio,
la llamada que sin cobertura
pendiente quedó.

Solo una razón…

Dame siquiera un minuto
para esta canción.

Indigencia

La noche oscura; tenue,
de cornisa inquieta
y arrítmico reloj,
evoca tu aroma
impregnado en mi sien
y recorre mi cuerpo
en un suspiro indígena
que busca anidar en mi pecho.

Un río de lágrimas
hace caudal en mis ojos
y recorre apabullante
cada archipiélago de mis mejillas,
que siguen sedientas del baño
de nuestro mar de antaño.

Solo, indigente
y callado me encuentro,
con un ramaje de ortigas
latente en mi pecho
que dejó varado en la orilla
a mi corazón maltrecho.

Morir o vivir

Si he de partir esta noche
déjame hacerlo con tus besos,
con tu aliento, con tu mirada.

Me muero de ganas...

Palabras vuelan a mi alrededor
y todas me llevan a ti.
No encuentro otro camino,
ni salida, ni sendero, ni portón
con que cerrar la herida
que me dejó aferrado a tu cuerpo.

Me muero de ganas...

De rozar mis párpados con tu mirada,
de sentir tu aliento en mi boca callada
sedienta de amor sincero.

Ganas no me faltan...
Morir; no quiero.
Vivir; contigo.

A mi alrededor, silencio…

Qué difícil encontrar palabras
entre tanto sigilo.

Cuántos abrazos abroquelados
sobre el solitario pavimento.
A mi alrededor, silencio…
Anhelada conversación
que quedó en intento.

Cuántos sentimientos sesgados
buscando asilo.
A mi alrededor, silencio…
Encuentro al atardecer
sin ningún motivo.

Cuánto beso esperanzado,
buscando posarse en los labios
de nuestro primer encuentro.
A mi alrededor, silencio…
Dulce que vino a postrarse
sin arrepentimiento.

Y en la mañana temprano,
lúgubre sonrisa indecente
busca anidar en tus manos
y mostrarse valiente.
Mientras, a mi alrededor, silencio…

Agonizante y herido

Un abrazo casi herido,
un despertar de diciembre,
un café descafeinado
en tu mirada inocente.

Una sábana impregnada,
una propuesta indecente,
un sentimiento velado
que me aturde y adolece.

Un beso casi nevado,
una caricia nocturna,
un atardecer de invierno
que mi cuerpo embadurna.

Un recuerdo abochornado,
una mañana paciente,
un resquemor en mis labios
y en los tuyos, simiente.

Y en nuestro álgido anochecer,
un final casi anunciado
que con silencio adormece,
nuestro encuentro enamorado
que con la niebla se pierde.

Y una verdad agonizante
entre tu corazón y el mío

que aun queriendo nacer de nuevo,
viene anunciando muerte.

Y sola; sola muere.

Domingo

Domingo…

Tan tenue y abroquelado de ritmo,
mesurado recuerdo dorado.

Tan hoja caduca en la tarde,
despedida y añorado reposo.

Sollozo acompasado
y escollo herido,
con agridulce migraña
y damisela dolencia.

Lúgubre recuerdo

Te conocí entre tinieblas
en la noche oscura.

Fuiste como amarga cicuta
que se endulza con el tiempo
tras una primera mirada.

Mi acento andaluz de base
ansiaba cada conversación,
cada encuentro inesperado,
cada necesitado momento
en aquella estrechez de calle,
empedrada; con subida al cielo.

Cada palabra de tus labios
me supo a semblanza,
a historia inacabada,
abrazo cargado de fuego ardiente
en el frío otoño
de una tarde de domingo.

Cada sorbo de tu boca
secaba mi sed de antaño,
haciendo delirio en mi paladar,
que quedó seco, sin saliva,
como una acequia sureña
en crepúsculo de verano.

En el atardecer de ébano
de tu palpitar deambulante
quedé perdido, con miedo,
con necesidad de tomar tu mano
en el deseo de sentir que fuimos
dos cuerpos inherentes,
un alma, un solo ser
que desapareció sin más.

Adiós

Decidí decir adiós
cuando ya más calvario no pude.
Cerré mi respiración
dejando un témpano inerte,
un hilo anudado silente
dentro de mi corazón herido,
con palpitar deshecho.

Decidí decir adiós
cuando más no supe decir,
cuando mi mirada se hizo presente
eclipsada por el recuerdo y susurro
de un triste y anclado momento.

Decidí decir adiós
cansado de saludar de frente,
hastiado de servidumbre
por un pago poco decente.

Decidí decir adiós…
No sé si un adiós acertado
o un hasta pronto cansado.
Un «¡Vaya usted con Dios!»
de gloria y descanso,
anudado y hasta siempre.

Mis sentidos

¿Me quieres?
Unas veces sí y otras también.

¿Me sientes?
A veces ligero susurro,
otras tempestad que hiere.

¿Me miras?
Con la primera mirada
con la que sentí tu piel ardida.

¿Me escuchas?
Silencio y sonrisa.
Verdad a medias
con mentira insistente.

¿Me odias?
No cabe tal sentimiento
en mi bitácora de la vida.

Y ¿entonces?...
Entonces solo el olvido
puede adornar el camino
de este ramaje inexistente
por tu absoluta indecencia.

Olvido

Te olvidaste de mí,
de mi mano en tu mano,
entre sábanas, al lado.
Corazón con corazón
que quedó callado.

Un olvidado amanecer
en tu mirada primera.
Esa que, entre tinieblas,
cerca del cielo en la noche,
penetró mi corazón, enredadera,
para dejarlo acuchillado,
sin latido y con reproche.

Y fue un rosario de errores,
cada cuenta fue un olvido,
que traspasó nuestro amor volando,
dejándolo en un suspiro.

¡Te olvidaste!
Atardecer temprano
con aroma a matinal expreso,
a cambio de un beso incierto
en nuestro ocaso enamorado.

Por ti y para ti

Por ti seré como el viento,
que adorna un rincón callado
con brisas de aquel momento.

Por ti seré llama viva,
vela encendida en la noche
con que sanar mi herida.

Por ti seré rezo eterno,
me encomendaré a tu doctrina
a cada momento.

Y también seré tu sonrisa,
tu pelo, tus manos,
tu aroma, tu aliento.
Seré fragancia y partida,
luna, sol, mar y buen puerto.

Y cuando ya no quede ni un suspiro,
ni un recuerdo, ni un pensamiento,
seré beso esperanzado
de nuestro primer encuentro.

Nuevo día

A veces,
cuando la noche se convierte
en eterna lucha;
alma y espejo,
pienso en tu nombre a escondidas
durante todo el tiempo
y un arcoíris intenso
colorea mis mejillas
con la flor del sueño.

He sanado mi herida;
llanto y consuelo,
con soledad silente,
y pronto he vuelto a la vida,
a cada momento
que estás presente.

He sido tallo enraizado,
canción callada,
noche sin sueño,
rosa sin pétalo,
cama sin colcha,
pluma sin tinta,
barca sin velas
que navega a la deriva,
y pronto he vuelto a la vida
en cada suspiro.

Dejé mi amor vagabundo
en cada partida
y mi llanto fue compañero,
sangre en mi herida.

Recobro este pensamiento
y me siento un rato.
En esta esquina doliente
pienso, escribo y canto.

Si he de vagar esta noche
que sea en tus besos,
que me dejaron solo y perdido,
borracho y muerto.

Amanecer de otoño

Tenue y prohibida la tarde.
Oscura y silenciosa palabra,
de acompasado palpitar.
Ramillete de mentiras
que quema el alma.
Susurro que camina perdido
por el dorado ramaje
y lágrima que vaga desnuda
por el abatido manantial.

¿Qué de cierto tiene la noche
si no es vivida a tiempo?

¿Qué lugar ocupamos
al alba de un nuevo día?

Si no podemos ser manilla
en el incesante minutero,
ni péndulo en el viento,
ni testigo protagonista
del atardecer de invierno,
¿de qué nos sirve
seguir con vida?

El amanecer de otoño
nos dará la respuesta.

Déjame o tómame

Déjame pensar que existo,
que todo fue un mal sueño,
una lejana nebulosa tras la almohada
quebrantada de olvidos
y sentimiento de acero.

Déjame sentir que escucho,
que se percibe en el viento
arcoíris con canciones de colores,
guitarras melodiosas
al ritmo del corazón.

Déjame sentir que veo,
que mis ojos pueden mirarte
y abrazarte mi pupila deseosa
de caricias victoriosas
que van marcando el destino.

¡Tómame o déjame!
Pero hazlo con la intensidad
de una primavera sobrevenida.

DE MI CORAZÓN A MIS PREGONES...

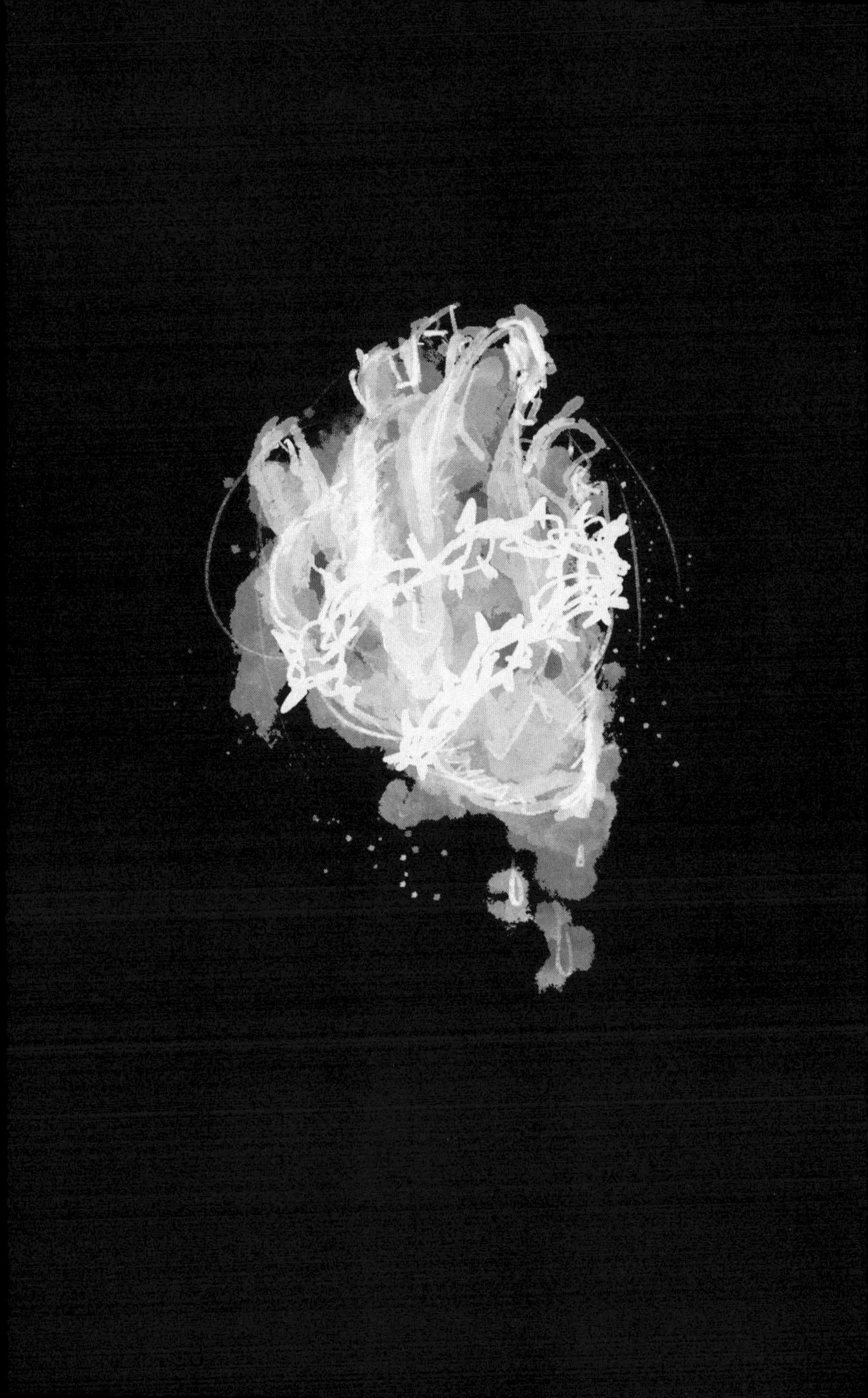

XXI Pregón del Mayor

(XXIV Convivencia Personas Mayores Granadinas)

Granada, 25 de mayo de 2022
Teatro Municipal Isabel la Católica

Y con este humilde pregonero,
desde este coqueto balcón,
para dar buen colofón
y que escuche Granada entera,
pide su participación:

¡Granada!, ¡Granada!, ¡Granada!,
por los ínclitos mayores de nuestra tierra,
reunidos hoy en este pregón.
¡Vivan nuestros mayores!
¡Vivan nuestras mayores!
¡Viva Granada!

Pregón de san Ildefonso

(Fiestas patronales de Peligros)

Peligros, 14 de enero de 2023
Iglesia parroquial de San Ildefonso

Que sea la luz del cielo, Ildefonso,
quien guíe nuestros pasos.
Que sea tu báculo eterno
toledano alcalde perpetuo
de Peligros honorario.
Aquí donde se para el tiempo.
Aquí, con pinceladas de antaño.

Porque Peligros no entiende de prisas.
Aquí es donde el tiempo aprendió a detenerse
si de alabar a su patrón se trata.

La entrega de los peligreños
y sus promesas cumplidas.

La de todos los que se fueron
siendo hijos de María.

Todos ellos hechos cuentas
de un rosario en armonía,
que sube en escalera al cielo
en un bendito escapulario,
como campana que repica
en tu alto campanario.

En la plaza de la vida,
la del 25 de mayo,
donde está el balcón eterno
que siempre te está esperando.

Y es plegaria que mira al cielo,
testigo de los dolores,
que en la vera cruz ha muerto.
«¡Misericordia, señores!»,
pide el capellán del pueblo.

Porque no hay mejor defensa,
Ildefonso, en esta vida,
que la que elevaste al cielo
de la virginidad de María.

Bendito tu pueblo entero,
bendita sea tu reliquia,
bendita sea la casulla
de tus mayordomos infinita.
Benditas sean tu parroquia
y tus misas de hermandad.
Benditos sean tus barrios
y tu excelsa santidad.
Bendito sea el incienso
y el aroma de la flor,
benditas sean tus plantas
donde ella se postró.

Benditas sean las madres,
que a sus hijos besos dan

cuando pasas por su puerta
asomando a un ventanal.
Benditas sean las vísperas,
bendito tu caminar,
bendito también Benito, Niña Pura y Niño Juan.

Benditos tus costaleros,
firme el paso, izquierda atrás.

Bendito tu mes de enero,
bendito tu frío invernal.
Benditos también tus campos,
que bendita lluvia das
cuando tus faldas divinas
empiezan a menear.

¿Se te puede pedir más?
¿Existe algo en la tierra
que se te pueda igualar?

Caminaremos tras tus pasos
con tu palabra de amor,
cobijándonos en tus brazos
para sentir más cerca a Dios.

Porque así eres tú, Ildefonso,
paladín de la iglesia y patrón,
ensalzamos tu nombre glorioso
y cantamos un himno en tu honor.

Pregón oficial de la Semana Santa de la Malahá

La Malahá, 10 de marzo de 2023
Iglesia parroquial de la Inmaculada Concepción

Olor a incienso y a cera,
a Temple y Sal,
a hoguera…
Lamento de cobre,
inquietante martinete en la fragua.
Reverencia de Rosario inusitada,
que es Salud y Mayor Dolor en tu corazón plantada
y niño resucitado en la mañana.

Salina y torreón,
camino del calvario malaheño.
Saeta, repique o bordón
en el latir del corazón nazareno.
Primavera que espera impaciente
verte lucir en cada esquina,
en cada rincón de tu pueblo.

¿Quién toca en el campanario el sábado de pasión?
¿Quién impregna de azahar y canela la esquina del santo?
¿De quién es ese suspiro que se oye en cada estación?

Es de Jesús Nazareno,
del terreno de juego patrón,
que abre las puertas del cielo
para dar la absolución
al que se acerca a sus plantas
con necesaria oración.

Desde una nube muy alta
en el vía crucis del cielo,
se romperá el velo del templo
con el andar costalero,
que suena a rosa y clavel
con un racheo en el suelo,
a plata, a cirio, a varal,
a pasito y a costero,
en una chicotá perfecta,
sobre el malaheño tapiz
con palmas y brotes de olivo
de la Loma del Carril.
Y dará paso al domingo,
tan radiante como el sol,
para cumplir la profecía,
y así sabremos quién son
Nazareno, del Rosario,
de la Salud o Mayor Dolor.

Atalaya del Viernes Santo,
de silencio en el Tejal
y tambor ronco en el Jaque.

Donde Dios puso en la tierra
el barranco de las Pilas,
para cristianizar las aguas
de tus famosas salinas.
Pero no sé qué me pasa,
quiero contar lo que siento.

Luto en la noche callada,
con silencio y sentimiento,
cuando por el inmaculado dintel,
con angustia y con honores,
aparece sencilla y pura
la Virgen de los Dolores.

¡Al cielo con ella!

Aferrándonos a una simple esquina
que durante el año
pasó desapercibida al tiempo.

Subiendo cuestas plagadas de piedra,
encerados senderos hacia la gloria.

Bajando escalinatas rotundas
y oscuras cavidades
buscando el sonido de una marcha,
que, como atajo, nos lleva
a nuestro instante soñado,
ese que, aunque repetido a lo largo del tiempo,
no deja de sorprendernos cada año.

El Temple pone sus elementos,
parece que la hora se para,
cuando pasea por el barrio,
en requiebro de sinsabores,
que es lágrima compungida
la Virgen de los Dolores.

Te esperan en los balcones,
soberana en tu capilla,
de dolores cuánto sabes,
de llantos, de pesadumbres
y de todos nuestros males.

Nazareno en el vía crucis,
que es Salud del Viernes Santo
y un amanecer de coplas
para el Niño Resucitado.

¡Esta levantá va por ti!
Hacedlo con mucho cariño.
Por las madres, las abuelas,
que nos inculcaron desde niños
este sentir que es escuela
de devoción y delirio.

Porque una madre lo es todo
y que lo sepa todo el barrio,
que una, la que tengo en casa,
la otra, la del Rosario.
Se hace infinito sagrario
de suspiros en el pelo

y un bendito escapulario
para la reina del cielo.

No cabe más hermosura
en los pliegues de tu manto,
ni belleza, ni agonía,
ni lágrimas en tu llanto.

Que se enciendan los faroles,
saetas en la garganta,
coplas a la luz del día
para tan divina estampa.

Ángeles tuvieron que ser,
pues no existe otra respuesta,
del jardín dejan fragancias
cuando se abren las puertas
a tu divina elegancia,
buscando en el horizonte,
que en el Temple eres la reina
lo dice quien te conoce.

Es la plaza, es el balcón,
que ve cómo pasa el tiempo
siguiendo un mismo guion,
dando a Jesús mecida
de muerte y resurrección
y de eternidad en la vida.

Y es tan enorme la lista,
no la puedo enumerar…

¿Qué otro motivo tendría
para venir a pregonar?
¡Semana Santa, señores!
La pasión en La Malahá.

XXXIV Pregón del casetero de Granada

(Feria del Corpus)

Granada, 30 de mayo de 2023
Auditorio Manuel de Falla

A la casetera y el casetero…

El casetero.
Y ¿quién es el casetero?

El casetero lleva a su hermandad
en el ala del sombrero,
en la solapa lleva insignia
y en el corazón pañuelo,
que seca a veces sus lágrimas
si se dieran sinsabores,
con mil mantoncillos alegres
de los más variados colores.

¿El casetero?
El casetero va dejando regueros
de alegría en el albero.

Y su pecho es un altar
que siente a Granada entera,
pues lleva con amor y orgullo
a la que vive en la Carrera.

El casetero es padre y hermano,
marido, hijo o compañero,
que te canta un fandango valiente
o te cocina un buen puchero
pa calentar el ambiente.

¿El casetero?
¿Que quién es el casetero?

El casetero puede ser dentista;
más probable costalero.
El casetero puede ser periodista,
abogado o fontanero
y un centenar de ocupaciones,
pero cuando pasa la portada...
el casetero es casetero.

Y su corazón puede ser ruedo
de volante y de maceta
para dar alma y coraje
a quien inventó la caseta.

Un clavel en la solapa
siempre luce con orgullo,
con el color rojiblanco
que también puede ser su escudo.

Vino dulce o rebujito
y ese aroma a manzanilla
o el abrazo de un amigo
¡vaya cosa más sencilla!

Ese, ese es el casetero.

Pero... ¿y quién fue dibujando sueños
en el corazón del casetero?
Adivinarlo es fácil.
Yo te lo cuento.

Con mantones y peinetas,
con volantes y zarcillos,
dan color a nuestra feria
como alegres farolillos.

Con besos a medianoche
para adormecer a sus niños.
Son un recuerdo imborrable
de esas ferias de chiquillo.

Con canciones, emociones
y algún que otro chascarrillo,
dan equilibrio al casetero
¿y la caseta? Le dan brillo.

Con buñuelos o maimones,
amasando en un lebrillo,
y esa dulzura en sus manos,
de un corazón palpitante,
que deja un aroma en tus brazos
de la rosa más radiante.

Lorca las llamó Manolas,
como las de la calle Elvira,

las tres o las cuatro solas.
¿Y en las casetas?
Caseteras y señoras.

A la pregonera y el pregonero…

En la gloria hay muchas glorias
y una se llama Granada.

Pregoneros siempre ilustres
que a nuestra feria agasajan
con su cariño más sincero
y sus mejores palabras.

Pregoneros caseteros
compadres de una misma casa
que recuerdan los albores
con modélica semblanza de
«Aquellas ferias felices
del Paseo del Salón
cuando faltaba el dinero
y sobraba el corazón».[11]

Algunos de ellos fueron
anteriores al pregón,
pero fueron pregoneros.

Ese es el pregonero,
o pregonera, también son.

---

1. Estrofa extraída del XV Pregón del Casetero, de Manuel Jiménez Jiménez.

Con sombrero, con peineta,
vista chaqueta o mantón,
con la pluma bien repleta
adornan cada rincón
de este carmen que es la feria,
y ustedes el eslabón,
y pregonan sus casetas,
las mejores ¡sí, señor!

Incluso alguno que está en el público
les dirá a los de su corrillo
con predisposición a pregonar:
«¡Caseteros de Graná:
que este Corpus sea el Corpus
que nadie pudo soñar!».[2]

Recordemos al Compadre,
Castillo Higueras o Rubio y Cerdán,
López Checa, de la Guardia,
Raquel Romero y muchos más
levantando nuestra copa
por el que va a pregonar,
por la Alhambra, por la feria
y por todo lo demás, pues...
«Si se llama convivencia
a vivir juntos en paz,
se llamará combebencia
a beber con los demás».[3]

---

2. Estrofa extraída de la copla Suspiros de Granada, del VII Pregón del Casetero, de Enrique Padial.
3. Estrofa extraída del XX Pregón del Casetero, de Encarna Ximénez de Cisneros.

Y que Dios lleve a la gloria
por los caminos del albero.
¡Que pasen muchos años, oiga,
a este humilde pregonero!

Y que...
«Nadie me llame andaluz
ni tampoco "exagerao"
que lo que pasa es que yo estoy
de la feria "enamorao"».[4]

Algunos acompañan su voz
con un toque de guitarra,
otros con el tintinear suculento
de este jardín y sus aguas.
En este martes duraznero
que florece ya en sus ramas
te lo dice el pregonero
¡es la feria de Granada!

A las casetas del Real de la Feria...

Porque la historia de la feria está en sus casetas.
¡Vamos a bailar con ellas!

Entre zambras, polo y reja,
entre caña, vito y verdiales,
la Alhambra abraza a su feria
y a sus benditos arrabales.

---

4. Estrofa extraída del IV Pregón del Casetero, de César Valdeolmillos Alonso.

Cabalgando entre sus cármenes
irá de caseta en caseta,
de La Ruiseñora a El Aljibe,
La Cayetana o Polvarea.

Con Aires de Fiesta flamenca,
con Salero, Revuelo y Tronío,
a La que te Dije o al Rocío,
Bien Pagá y a Tocateja.

Y en la eterna primavera
derrite su nieve el Veleta,
que quiere probar la gloria
en su particular caseta.

Pondrá su Excusa Fabiola
con Pedrería y D'canela,
pa tomarse un rebujito
en la Rehuerta o Carmela.

Y Estaría de Dios que un Farol
en un Rosario de amores
prendiera Granada entera.
¡Que luzca guapa La Tarasca,
con Castañuela y Montera!

Y que la procesión del Corpus
visite estas catedrales.

Catedrales de gente buena,
La Chicuelina, La Lola, El Silbato,
El Papá y sus Niños o La Espuela.

Y del Sacromonte bajará el Curro
hasta su cueva de faroles,
con Alboreas y con Cachuchas
en un Popurrí de canciones,
con Jaleo y Peteneras
acompañado entre ¡oles!

¡Llena que nos vamos, niña!
al Cortijo de sabores.

Y con Malafollá Albariza
la Exploraora y de Motril
bailarán A mi manera,
cantarán Carambirubí.

¡Ay! Rebotica mía,
cuántas Resacas de feria
con Treinta y Todos días.

Hijos de las Maravillas
50 años y a por más,
que vivan Los 17
y Granada y su ferial.

Y que no me olvido de ninguna
pues no las quiero dejar atrás,
ni a las que estuvieron antes
ni a las que vendrán a montar.
Por eso un ¡viva! rotundo
a la feria de Graná
y a mi corazón que ya es caseta.

¡Vivan todas y cada una!
Y que ¡viva!, Viva la Pepa.

A la feria y a Granada...

Y que el silencio vuelva a romperse
con una feria que haga historia,
en un cielo de color y casetas
que lleve a Granada a la gloria.

Del Altiplano hasta la Vega,
de los Montes a la Costa,
rieguen acequias y ríos
las aguas más caudalosas
para darle importancia y brío
a vuestra singular impronta.

Y que viaje de la Alpujarra
con aire feriante un jilguero,
cantando por sevillanas
con alarde y balanceo.

Y un recitado en la noche
de un casetero poeta
resuene fuerte en la campana
de la Torre de la Vela,
impregnando Granada entera
y a su Corpus que es historia
en un cielo de farolillos
para darle mayor gloria.

Pregón del Día de la Cruz de Granada

Granada, 3 de mayo de 2024
Patio del excelentísimo Ayuntamiento de Granada

A las Cruces de Granada…

Mastranzo para alfombrar
de terciopelo este suelo.

Para adornar, lirios y rosas
con aromas que van al cielo.

Una colcha de zaraza
y jarros de flores repletos,
aspidistras y geranios
florecen en verde nuevo.

Abrillantados de halagos,
en la santa cruz dispuestos,
los rayos del sol cobrizo
que van buscando tu encuentro.

Desde la vega hasta el mar
los ríos con azul cielo,
granadinos dan color
a su cerámico tapiz
que baja de Aynadamar
hasta el Darro y el Genil.
Y hasta la patrona divina
que es nuestra madre de amores,

de angustias sobrevenida,
hace brotar las flores
por tus calles y avenidas.

Granada que ya es calvario
y primavera en plenitud
levanta un altar glorioso
por el Día de la Cruz.

Altares llenos de flores
con mantones de manila,
que nunca les falta el cobre
y la mejor alfarería.

Los claveles reventones
de las huertas de Motril
colgarán por los balcones
de Realejo y Albaicín.

Y en este zaguán granaíno
se afanan con plenitud
las mozuelas, los chiquillos
pidiendo con chascarrillos
«un chavico pa la cruz».

Cruz de mayo granaína
que en mi pecho siempre vas,
vistes mantón de manilla,
de plata y oro fundida
huele a clavel y azahar.
Y en las cuevas más gitanas,
del barrio del Sacromonte,

las guitarras van templando
los alegres surtidores,
para adornar la Carrera
con sus mejores acordes.

Cruz de mayo granaína
que en mi patio levanté,
te he de querer mientras viva
pues yo quiero amarte bien.

Y la cruz siempre se queda
en la plaza de mi barrio.

Queda la flor sin su alma,
queda el perol sin su paño,
queda el agua de la fuente
que de pena está llorando.
Queda el azul de su cielo,
queda el verde de un geranio
y queda un aroma inerte
por las calles caminando,
que recuerda a cada momento
la tarde del 3 de mayo.

Queda rota taracea
por los naranjos en flor,
que hasta mi balcón dormido
traen su aroma y color.

Queda desvencijada,
sin jolgorio y sin gentío.

Queda sola y también callada
como tu cariño y el mío.

Y hasta el jilguero se queda solo
en la rama de algún árbol,
cantando alguna coplilla
para nuestra cruz llorando.

Pero la cruz no queda sola,
va en mis recuerdos de niño,
en un serpentear de claveles
con mi pensamiento herido.

Cruz de mayo granaína
que en mi pecho se hace altar,
en ella está mi cariño,
mi bondad y mi vecindad
como la flor del armiño
en corazón y armonía,
en un recuerdo dorado
de añoranza y alegría.
¡Que viva la Cruz y Granada,
joyas de mi Andalucía!

A Granada, mi tierra…

Granada…
Y, ¿por qué Granada?

Por sus rejas, por sus patios,
por sus cármenes con recuerdos moros.

Jardines y abencerrajes
que protegen sus tesoros.

En esta tierra de encanto,
milenaria y con historia,
que te envuelve con su manto
y que te lleva a la gloria.

Granada, noble y callada
bajo el cielo de la noche,
amanece engalanada
en un júbilo derroche.

Por sus rincones, por sus calles,
su magia y arquitectura,
por sus plazas, por su esencia,
por su historia y su cultura.

Por su música y canciones,
por su arte y su jondura,
por su Alhambra, por su sierra,
por su danza y su pintura.

Granada, siempre Granada,
paraíso en que nací,
muralla en mi corazón
para estar dentro de mí.

Granada,
¿por qué Granada?
Porque por ti voy soñando despierto
en la tarde enamorada.

Donde habitan las manolas,
bajo este cielo andaluz,
las tres o las cuatro solas
por el Día de la Cruz.

Por eso...
dale limosna, otra vez,
que no hay en la vida ná
como no ver la Cruz de Mayo
en la ciudad de Graná.

A los granaínos y las granaínas...

De la Vega al Marquesado,
de la Alpujarra al Poniente,
del Altiplano hasta el Valle
y de la Costa hasta el Temple.

¿Y todavía me preguntas
si en Granada está la gloria?

No le pongan ningún pero
a lo que cuenta la historia
de este humilde pregonero.

En sus fuentes, en sus patios,
en el cancionero andaluz,
en sus calles, en sus gentes,
en el Día de la Cruz.
En esta tierra de amor
que da sentido a la vida.

Abrid los ojos del alma,
del corazón que palpita
por los ríos de Granada
en la primavera infinita.

Vivan las gentes de barrio
que comparten su hermandad.

Vivan nuestros voluntarios,
sanidad y seguridad.

Vivan también los artistas,
hosteleros y artesanos,
que sostienen nuestras fiestas
en las palmas de sus manos.

Vivan nuestros pregoneros,
que a nuestra fiesta agasajan
con sus piropos sinceros
y sus mejores palabras.

Que vivan madres y padres
que se esfuerzan a diario
por inculcar a sus niños
las tradiciones de antaño.
Viva la Alhambra y sus patios,
jardines y Torre de la Vela.
Resuene fuerte en su campana
un ¡viva! a Granada entera.

Viva la pasión de un pueblo,
que, en nuestra bendita ciudad,
sobre la cruz de la vida
sembró aquel tallo de rosa,
en un madero de dulzura
pa su fiesta más hermosa.

Por eso...
¡Viva mi tierra, Granada!
Vergel que me dio la luz.
¡Viva nuestro 3 de mayo!
¡Viva el Día de la Cruz!

DE MI CORAZÓN
A MIS CANCIONES...

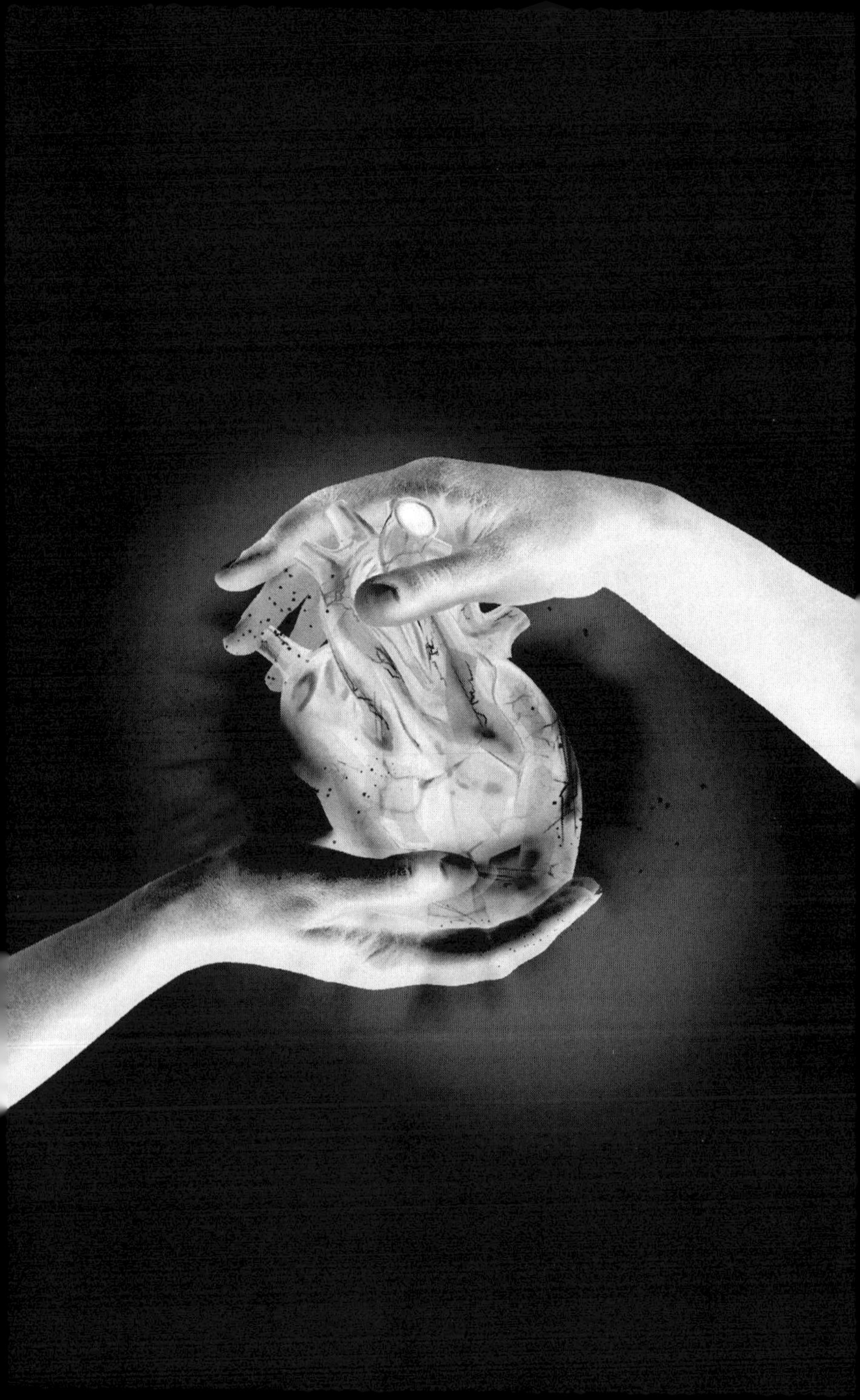

Saetas antiguas

(Alpujarreñas y cuarteleras)

Repárate y considera,
a los pies del tamboril,
con látigos le flagelan
al buen salvador que espera,
la muerte está por venir.

La Virgen de los Dolores,
lágrima del Viernes Santo,
cobija a los peligreños,
para darles su consuelo
y abrigarlos con su manto.

Tambor ronco lugareño
con expiración divina,
para el suspiro del pueblo,
que al calvario alpujarreño
en su intercesión camina.

Padre de amor y humildad,
Cristo de la Vera Cruz,
auxilio en tu santidad,
con espíritu y verdad
para darnos la salud.

Saeta por seguiriyas

Como una novia granaína,
desde San Pedro dolorosa
hacia Granada caminas.
Reina del cielo, Dolores,
hasta la Alhambra iluminas
con tus divinos olores.

(A la Virgen de los Dolores de Granada)

Saetas por carceleras

Reina y patrona,
palio granao,
vengo a ofrecer mi saeta
pa consolar tu llanto.
Toda Granada te espera,
reina en tu barrio.

(A la Virgen de los Remedios de Granada)

Reina y señora
de amor fecundo,
con mi voz en mi saeta
y mi amor profundo,
a pedir reina del cielo
la paz del mundo.

(A la Virgen de la Paz de Granada)

Malagueña de la Trini

Cuando escucho de la gente
la palabra incertidumbre
tengo yo por costumbre
no hacer caso a lo que inventen
y así no alimento la lumbre.

(Incluida en el CD *Incertidumbre*
de Iván Centenillo en el año 2013)

Fandango del Albaicín

Las raíces de este árbol,
en un rincón de mi Graná,
donde me dieron la vida,
su nombre, calle Real,
la sombra que me cobija.

(Incluido en el CD *Incertidumbre*
de Iván Centenillo en el año 2013)

Fandango de Huelva

(Estilo Cabezas Rubias)

Siempre con trato exquisito,
confianza y cercanía,
buenos precios y optimismo,
la Navidad te ilumina
el comercio de Peligros.

(Para la campaña publicitaria de Navidad 2023
del comercio en Peligros)

Medias granaínas

Noche y día sin parar,
trabajó duro el mayor
por su familia y bienestar.
Merece orgullo y respeto
y el amor más puro que se pueda dar.

(Homenaje a los/as mayores de Granada
en el XXI Pregón del Mayor)

A mi barrio lleno de luz
que lo llaman Alcazaba.
¡Viva la fuente del Triunfo
y la placeta de la Cruz!
Orgullo de mi Granada.

(Homenaje a Granada en el Pregón del Día de la Cruz 2024)

Vendrá la primavera

(Letra a la marcha procesional Mi amargura de V. M. Ferrer)

Vendrá la primavera
nuevamente pa quedarse,
en una trabajadera,
un guion o un estandarte.

Y en los surtidores
de la Alhambra para ti
un rosal de flores frescas
que en tus pies será un tapiz.

Vendrán nuevos suspiros
por el Darro y el Genil,
con el costal entre capillos
del Realejo al Albaicín.

Y un clarín que rompa
este silencio en el Zaidín.
Que Granada huela a incienso
nuevamente para ti.

Es mi saeta devoción,
en el silencio oscuro de mi calle.
Me brota de mi corazón,
plegaria y oración
que vuela por el aire.

Envuelta en paños va mi voz
con el relevo del sol de la tarde.

Las notas de mi agrupación,
redoble de tambor
o un cornetín cofrade.

Granada a granos queda
desangrada de una madre,
en un bronce de lamentos,
de sollozos por el aire.

Y es la primavera
que está por venir
con más gloria para ti.

Borriquilla en Elvira,
Santa Cena, Maravillas
y Despojado quedan ya.
Cautivos de incienso,
el Trabajo y el Huerto
van a un nuevo despertar.

Los Dolores,
San Agustín y Rescate
por Carrera soñarán,
en un nuevo Vía Crucis de Pasión,
de Esperanza, de Humildad y de Caridad.

Penosa Paciencia,
Gitanos, Estudiantes
y Nazareno en su andar.

Cuentas de un Rosario,
Redención, Pasión y Estrella
siempre te acompañarán.

Se irá el Silencio,
vendrá con la Aurora
otro nuevo amanecer.

Amor y Entrega a tu pura Concepción,
tres favores, tres deseos se cumplirán.

Buena Muerte y Entierro,
Misericordia, Escolapios
y una triste Soledad.

En un Monasterio,
descienden destellos
que la Alhambra prenderá.

Como Triunfo,
Alegría y campanas
para tu Resurrección.

Y la espera que de nuevo acabará.
Y Granada engalanada a disfrutar
de una nueva pasión.

Plegaria a la Virgen de la Luz

(Con motivo del XXX Aniversario de la imagen mariana)

Fue marzo tu edad temprana,
fecha gloriosa en Granada,
y te admiraron contentos
los rayos del sol, mariana.
Virgen pura, inmaculada,
del Zaidín la soberana,
cobijo en los corazones
de tus hijos que te alaban.

(Estribillo)

Madre, reina de la Luz,
capitana y señora,
Virgen trabajadora
que por el Zaidín llora
al pie de nuestra cruz.

Se te ilumina la cara,
como una rosa temprana,
la tarde del Lunes Santo
cuando paseas Granada,
alumbrando con tu mando
y hasta la Alhambra asombrada
refleja la luz del llanto,
las lágrimas de tu cara.

(Estribillo)

Himno a la Virgen de los Sentimientos

(Advocación mariana de Haza del Trigo)

En tu cara frente al mar,
lágrimas de amor y sal
de tu pueblo entero,
que le das consuelo
y es tu manto un manantial
que huele a flores,
jardín del cielo,
de buganvillas
y flor de almendro.

(Estribillo)
A tus plantas a cantar,
reina, madre y soberana,
de la Contraviesa hasta el mar
como una rosa temprana;
y si tengo que rezar,
rezo con tu nombre al viento,
con el alma y a compás,
madre de los Sentimientos.

Santa Ana habló con Dios,
mandó al Haza un querubín
que bajó del cielo
y anunció tu nombre
para hacerte un camarín.
Sentir del pueblo
brota en tus huertos,
reina en tu ermita
azul del cielo.
(Estribillo)

Plegaria a la Virgen del Espino Coronada

(A la milagrosa Virgen del Pincho de Chauchina)

Rosario caminaba desdichada,
la Señora su mano le brindó.
Oremos por el mundo desgraciado
pidiendo la justicia del Señor.
Conmueve al pueblo,
que viendo tu curación pone su empeño
en dar culto y oración a tu misterio,
monasterio a tu divino sacramento.

(Estribillo)
Llevas, Rosario, en tu mirar,
llena de llagas de bondad,
sol de tus hijos, caridad,
humilde y pura.
Reina en la Vega y en Graná,
Virgen del Pincho coroná,
un dulce espino el aroma
de tu hermosura.

Tocó su herida y quedó dormida,
mas llagas tenía en el corazón.
Llenas Chauchina de una primavera
que en abril espera a la madre de Dios.
Gladiolo oscuro la flor de tu manto,
sobre tu rostro lágrimas de amor,
un ¡Dios te salve!, señora divina,
reina capuchina de mi corazón.
Costalero, en tu andar

ponle cariño y dale esmero,
generoso caminar para tu pueblo
y que ¡viva nuestra reina de los cielos!

(Estribillo)

Plegaria a Ntra. Sra. del Rocío de Guadix
(Advocación mariana de la ciudad accitana)

Si te cuento la historia que hay en mi casa,
porque mis dos abuelas me la enseñaron,
para que yo a la Virgen me encomendara
y mis lágrimas secara con el paño de tu manto.

Su amor desde pequeño me lo inculcaban
y las veo reflejadas en tu rosario,
por si algún día a mí ellas me faltaran
en tu rostro y tu mirada las vería como antaño.

Madre de la inocencia,
pureza de María,
camino y elocuencia
al despertar el día.

(Estribillo)
Rocío,
estrella de la mañana,
recuerdo que hay en mi infancia
para alumbrar mi camino.

Rocío,
marisma y agua temprana,
lucero que hay en mi cara,
en el corazón de un niño.

Sevillanas

Granada, corazón casetero

(A la feria del Corpus de Granada y sus caseteros/as)

Granada, Granada, Granada,
tierra soñada por mí…

Es mi caseta, es mi caseta.
Es mi caseta, un revuelo de colores,
de alegría y de gente buena,
de farolillos y amores
y noches de primavera.
Es mi caseta, abanico de sabores,
huele a fino y a canela,
a flores de mil olores
que las flamencas pasean.

(Estribillo)
Acera del Darro,
Genil y Carrera.
Granada, yo espero
una nueva primavera
en mi corazón casetero.

Granada, Granada, Granada,
tierra soñada por mí…

Granada entera, Granada entera.
Granada entera, Chana, Zaidín, zona Norte,
Ronda, Albayzín con solera,

Beiro y Genil traen acordes
del Sacromonte y sus cuevas.
Granada entera, te bailará el Realejo
el fandanguillo o La Reja
y vestirá faralaes
para el tablao de la feria.

(Estribillo)

Granada, Granada, Granada,
tierra soñada por mí...

Sencillamente, sencillamente.
Sencillamente, Granada tierra soñada,
con la Custodia presente,
se vestirá de fragancias
para adornar el ambiente.
Sencillamente, cuando cruzo la portada
veo elegancia en tu gente,
cautivas los corazones
de quien bebe de tu fuente.

(Estribillo)

Granada, Granada, Granada,
tierra soñada por mí...

Soy casetero, soy casetero.
Soy casetero, la siento con devoción
desde que piso el albero,
esta bendita pasión

también de mis compañeros.
Soy casetero, porque así lo quiso Dios
y como herencia lo llevo,
me llena mi corazón
de las botas al sombrero.

(Estribillo)

Sevillanas

De la primavera en flor

(A la tradicional festividad del Día de la Cruz de Granada)

Farolillos de colores y filigranas.
Y filigranas,
farolillos de colores y filigranas,
farolillos de colores y filigranas.
Y filigranas,
ramillete de canciones, por sevillanas,
y zambra en el Sacromonte con tus gitanas.

(Estribillo)
De la primavera en flor,
si el clavel vuelve a nacer
en mi pecho lucirá.
Mañana del tres de mayo,
Día de la Cruz en Graná.

Una cruz en mi barrio, cuajá de flores.
Cuajá de flores,
una cruz en mi barrio, cuajá de flores.
Una cruz en mi barrio, cuajá de flores.
Cuajá de flores,
que conoce los suspiros de mis amores
y los recuerdos de niño de mis mayores.

(Estribillo)

De cerámica, de cobre y macetas, cariño mío.
Cariño mío,
de cerámica, de cobre y macetas, cariño mío.
De cerámica, de cobre y macetas, cariño mío.
Cariño mío,
son lunares de colores en tu vestío,
que va derramando flores por el gentío.

(Estribillo)

Granada tierra de encanto, la pionera.
La pionera,
Granada tierra de encanto, la pionera.
Granada tierra de encanto, la pionera.
La pionera,
la reina del mes de mayo en primavera.
La reina del mes de mayo en primavera.

Sevillanas

Rosario de amores

(A la Virgen del Rosario, patrona de Peligros)

Rosario de amores, madre bendita.
Madre bendita,
rosario de amores, madre bendita.
Rosario de amores, madre bendita.
Madre bendita,
revuelo de canciones y de alegría.
Revuelo de canciones y de alegría.

(Estribillo)
En la Vega de Granada,
una rosa inmaculada
para Peligros nació,
nuestra Virgen del Rosario.
¡Viva la madre de Dios!

Mozuelas de tu Peligros te han paseado.
Te han paseado,
mozuelas de tu pueblo te han paseado.
Mozuelas de tu pueblo te han paseado.
Te han paseado,
y hasta el cielo de octubre se ha enamorado.
Y hasta el cielo de octubre se ha enamorado.

(Estribillo)

Eres reina en tu pueblo que se engalana.
Que se engalana,
eres reina en tu pueblo que se engalana.
Eres reina en tu pueblo que se engalana.
Que se engalana,
con cuentas de un rosario cada mañana.
Con cuentas de un rosario cada mañana.

(Estribillo)

La Virgen del Rosario no es obra humana.
No es obra humana,
la Virgen del Rosario no es obra humana.
La Virgen del Rosario no es obra humana.
No es obra humana,
bella flor del otoño, rosa temprana.
Bella flor del otoño, rosa temprana.

Sevillanas

Madre de amores

(A la Virgen de las Angustias, patrona de Granada)

Qué será lo que reluce en Granada y su Carrera.
En Granada y su Carrera,
qué será lo que reluce en Granada y su Carrera.
Qué será lo que reluce en Granada y su Carrera.
En Granada y su Carrera,
la Virgen de las Angustias la mejor de España entera.
La Virgen de las Angustias, la mejor de España entera.

(Estribillo)
Madre de amores,
Virgen de las Angustias,
que más altares tiene.
No hay un granaíno
que en el pecho no te lleve.

Hasta la Alhambra se asoma con flores a la Carrera.
Con flores a la Carrera,
hasta la Alhambra se asoma con flores a la Carrera.
Hasta la Alhambra se asoma con flores a la Carrera.
Con flores a la Carrera,
de los más bellos colores, para tu divina ofrenda.
De los más bellos colores, para tu divina ofrenda.

(Estribillo)

La que vive en la Carrera me da cariño y consuelo.
Me da cariño y consuelo,
la que vive en la Carrera me da cariño y consuelo.
La que vive en la Carrera me da cariño y consuelo.
Me da cariño y consuelo,
la que me quita los males y de mi llanto es pañuelo.
La que me quita los males y de mi llanto es pañuelo.

(Estribillo)

Hasta tus plantas, señora, con mi cante y mi guitarra.
Con mi cante y mi guitarra,
hasta tus plantas, señora, con mi cante y mi guitarra.
Hasta tus plantas, señora, con mi cante y mi guitarra.
Con mi cante y mi guitarra,
para decirte patrona, de Granada la más guapa.
Para decirte patrona, de Granada la más guapa.

Himno del Vandalia Industrial

(Club de fútbol fundado en 1929 en Peligros)

Haza de la Cruz,
dos palos y una soga,
una portería pa' jugar.
Año 29, pueblo de Peligros,
a una legua escasa de Graná.

Habla la historia
de que entre bailones anda el juego,
a pesar de malos tiempos
no existe el rival.

Enarbolando
afición y sentimiento,
para gloria del escudo
que orgulloso luchará.

(Estribillo)
Vándalo temperamento,
un equipo vencerá,
azul y grana el sentimiento;
Vandalia, Vandalia, Vandalia.

Nombre sonoro,
de lucha y ardor guerrero,
de la vieja Andalucía,
Vandalia Industrial.

Enarbolando
afición y sentimiento,
para gloria del escudo
que orgulloso luchará.

(Estribillo)

Villancico
La Aurora de la Navidad

(A M.ª Stma. de la Aurora del Albaicín coronada)

Un pastorcillo niño
del barrio del Albaicín,
con cera en su capillo
un belén va a construir.
Pa recoger
y a los pobres dar
una limosnita
esta Navidad.

De san José a los Grifos,
con este villancico
va el aire granaíno,
que en Belén quieren quedar,
para arropar a José y a María
con la Aurora de la Navidad.

Villancico

Por los montes de Granada

Por los montes de Granada hasta un nacimiento,
bajan de Sierran Nevada los campanilleros,
un rocío de fragancias que adorna la Vega,
panderetas y sonajas en la Torre la Vela.
Desde el oriente,
guía una estrella,
hasta un pesebre
de flores frescas.
Nació el niño Dios para librar a la humanidad,
con mi coro y mi guitarra hoy quiero pregonar
que llega el momento de una nueva Navidad.

(Fandangos de Huelva)

San José,
carpintero del amor
y esposo fue san José,
marido fiel de María,
padre y guardián del Señor,
santa fue tu compañía.

María,
madre del hijo de Dios,
esa es la Virgen María,
del jardín más bella flor
que alumbrará cada día
para encontrarnos con Dios.

Le voy a llevar
al rey de los cielos
toda mi humildad
y un corazón lleno
de amor y de paz
para un mundo nuevo,
que sepa apreciar
mi abrazo sincero.
Y en la Navidad,
que en todos los pueblos
sepan festejar
con coplas de invierno,
para recordar
lo que en otros tiempos
fue la tradición
del Dios verdadero.

Nació el niño Dios para librar a la humanidad,
con mi coro y mi guitarra hoy quiero pregonar
que llega el momento de una nueva Navidad.
Navidad, Navidad, Navidad...

Villancico

Belén, Belén

El niño Dios ha nacido
en el portal de Belén,
entre fandangos de Huelva
que le canta san José.
Granaínas, malagueñas
canta María también.
Gitanos del Sacromonte
con sus zambras
pa Belén.

(Estribillo)
Belén, Belén,
tocad campanas
y panderetas en la Navidad.

Los Reyes Magos de Oriente,
gaditanos de Jerez.
Pastores y pescadores
de Almería y de Jaén.
Traen la alegría en sus manos
con acento cordobés
y de Sevilla un acorde
para el niño de Belén.

(Estribillo)

Villancico

De la Alhambra hasta Sierra Nevada

De la Alhambra hasta Sierra Nevada,
por las aguas de Darro y Genil,
con zambombas, panderos y sonajas
este villancico de aire nazarí.
En la voz de humildes pastorcillos,
que de Granada caminan también
a cantar sus coplillas de invierno
para el rey del cielo que nació en Belén.

(Estribillo)
Y para Belén,
para Belén,
para Belén a adorar a Manuel.

Pastores de Granada,
angelitos del cielo,
acuden al pesebre
donde ha nacido un lucero.

Y yo que soy pastora
he de llegar primero,
a cantar con mi coro
al divino rey del cielo.

(Estribillo)

En su cueva de cobre,
José cantaba al niño,

toca con su guitarra
un alegre villancico.

Y yo que soy pastora
quiero cantar también,
mi propio villancico
para el niño de Belén.

Olé, olé,
olé, olé, olé,
mi propio villancico
para el niño de Belén.

Villancico

Navidad y Mamá Noel

Esta Navidad,
la silla vacía ocupará
la felicidad,
abrazos cargados de amistad.

(Estribillo)

Mil campanas suenan ya,
pandero y cascabel,
una estrella brillará,
nuestra Mamá Noel.

Esta Navidad,
salud, alegría y bienestar,
para recordar
los buenos momentos de verdad.

No hay tiempo,
ya llega,
de nuevo la luz a iluminar.

(Estribillo)

Un abrazo al despertar
y a tu lado siempre estar.

(Estribillo)

Un trineo de libertad,
un matrimonio fiel
de lucha y prosperidad.
Mamá y Papá Noel.

ÍNDICE

Prólogo 9

De mi corazón a mis poemas...

Último resquicio 19
Canción de un minuto 20
Indigencia 21
Morir o vivir 22
A mi alrededor, silencio… 23
Agonizante y herido 24
Domingo 26
Lúgubre recuerdo 27
Adiós 29
Mis sentidos 30
Olvido 31
Por ti y para ti 32
Nuevo día 33
Amanecer de otoño 35
Déjame o tómame 36

De mi corazón a mis pregones...

XXI Pregón del Mayor 39
Pregón de san Ildefonso 40
Pregón de Semana Santa de La Malahá 43
XXXIV Pregón del casetero de Granada 49
Pregón del Día de la Cruz de Granada 58

De mi corazón a mis canciones...

Saetas antiguas 69
Saeta por seguiriyas 70
Saetas por carceleras 71
Malagueña de la Trini 72
Fandango del Albaicín 73
Fandango de Huelva 74
Medias granaínas 75
Vendrá la primavera 76
Plegaria a la Virgen de la Luz 79
Himno a la Virgen de los Sentimientos 80
Plegaria a la Virgen del Espino Coronada 81
Plegaria a Ntra. Sra. del Rocío de Guadix 83
Sevillanas 84
Sevillanas 87
Sevillanas 89
Sevillanas 91
Himno del Vandalia Industrial 93
Villancico 95
Villancico 96
Villancico 98
Villancico 99
Villancico 101

Este libro se terminó de editar en Granada
en noviembre de 2024 por

www.aversopoesia.com
hola@aversopoesia.com